W0357515

Jahreszeiten im Elbsandstein

Sächsisch-Böhmische Schweiz

Jahreszeiten im Elbsandstein

Sächsisch-Böhmische Schweiz

Fotografien von Peter Rölke

Berg- & Naturverlag

„Jahreszeiten im Elbsandstein“ – Sächsisch-Böhmische Schweiz, 168 Seiten, 183 Farbfotografien

Titelbild: Die Herkulessäulen im Bielatal
Rückseite: Vier Jahreszeiten an der Napoleonstraße am Lilienstein

Textautoren:

Dietrich Graf, Rathewalde; Manfred Schober, Sebnitz und Dr. Peter Rölke, Dresden

Fotoverzeichnis:

S. 80 (Jungfalken) und S. 81 (Uhu, Wanderfalke) von Ulrich Augst; S. 69 von Martin Richter; S. 67 (Sumpfporst), 81 (Siebenschläfer, Feuersalamander) und 135 von Holm Riebe; S. 90, 91, 129, 130, 147, 150 von Helmut Schulze; S. 16, 19, 144 und Rücktitel Winterbild von Thomas Rölke,
alle übrigen von Dr. Peter Rölke

Satz/Layout: Karin Rölke und Dr. Peter Rölke

Die Fotografien für diesen Bildband wurden in den Jahren 1995 bis 2001 aufgenommen.

© 2001 Berg- & Naturverlag Peter Rölke, Dresden

ISBN 3-934514-10-3

Druck: Druckerei Vetters, Radeburg

Verzeichnis der Textbeiträge

Jahreszeiten im Elbsandstein

Schneekristalle glitzern an einem kalten Wintermorgen in der Sonne, überall sind die Gräser mit Rauhreif überzogen, das aus dem Sandstein tropfende Wasser erstarrt in gelblich gefärbten Eisgardinen und der frische Schnee knirscht unter den Füßen. Nur vereinzelt stapfen Wanderer durch die winterliche Felsenwelt, Wildspuren sind zu sehen. In Weiß gehüllt zeigen sich Herkulessäulen, Schrammsteine und Pfaffenstein. Manchmal unterbricht der Ruf eines Eichelhähers die tiefe Ruhe. – Der Winter ist eingezogen in der Sächsisch-Böhmischen Schweiz.

Selbst im Basteigebiet findet der Naturliebhaber jetzt die Ruhe, die er im Sommer so sehr vermißt. Beeindruckend ist der Tiefblick von der Bastei, hinab zur gemächlich dahinfließenden Elbe, die von schneebedeckten Ufern gesäumt ist. Die Elbe war es auch, die dem in Jahrmillionen entstandenen Gestein den Namen gab: „Elbsandstein". Dieser Begriff charakterisiert heute weitaus mehr als ein Gestein: er bezeichnet vielmehr ein ganzes Gebiet in Sachsen und Böhmen, in dem einst das Kreidemeer den Sandstein ablagerte. Später entstand durch die Erosion der Elbe und ihrer Nebenflüsse eine einmalige Landschaft mit kantigen Tafelbergen, tiefen Schluchten und bizarren Felstürmen, die heute als eine der interessantesten in Mitteleuropa gilt und von Wanderern und Kletterern gleichermaßen geschätzt wird.

Als vor rund 200 Jahren die touristische Entdeckung des Gebietes begann, gaben zwei in Dresden wohnende Schweizer Künstler, Anton Graff und Adrian Zingg, in Erinnerung an ihre alte Heimat der hiesigen Landschaft, die man bis dahin meist als „Meißner Hochland" bezeichnete, ihren bis heute unverwechselbaren Namen: „Sächsische Schweiz". Erst später, um 1840, entstand dann die Bezeichnung „Böhmische Schweiz" für das Gebiet jenseits der Grenze.

Wenn Anfang März noch tiefer Schnee auf dem Rosenberg, dem Großen Winterberg und an der Grenzplatte im Bielatal liegt, schmilzt in den elbnahen Lagen um Rathen und Bad Schandau die ohnehin meist nicht gerade reichliche weiße Pracht. Der Winter ist nur kurz in weiten Teilen der Sächsischen Schweiz, was vor allem der geringen Höhenlage geschuldet ist.

Viele Wanderer zieht es nach den dunklen Wintertagen hinaus in die erwachende Natur. Der erste Frühjahrsausflug führt oftmals ins obere Polenztal zu den Märzenbecherwiesen, die Tausende der Frühlingsboten schmücken. Etwas später zeigen sich mit steigender Temperatur zaghaft die ersten Blätter. Die hellen Grüntöne der Laubbäume und das Dunkel der

Nadelbäume stehen in einem belebenden Kontrast. Singvögel, die aus ihren Winterquartieren heimgekehrt sind, erfreuen den Besucher mit ihrem Gesang. Angenehme Temperaturen laden zum Wandern und Klettern ein.

Ein besonderes Erlebnis stellt Ende April ein Aufstieg auf die Basaltberge der Sächsisch-Böhmischen Schweiz wie z.B. auf den Rosenberg und den Großen Winterberg dar. Steigt man in Schmilka aufwärts, ist im unteren Teil des Winterberggebietes bereits der Frühling eingezogen, die Sonne wärmt schon kräftig und überall sprießen helle Blätter an den Buchen. Doch beim Höhersteigen wird das Blätterdach immer lichter, am Boden zeigen sich die lichtbedürftigen Frühjahrsblüher wie Waldveilchen und Buschwindröschen. Ganz oben auf dem Großen Winterberg angekommen, sucht man dann das Grün der Blätter vergebens – die Knospen sind noch nicht aufgesprungen.

Das Frühjahr ist wohl in der Sächsischen Schweiz die Zeit mit dem größten Besucheransturm. Wer zum ersten Male hier weilt, den werden sicher die steilen Felsen der Schrammsteinkette, die massigen Tafelberge und die schlanken Nadeln der Herkulessäulen im Bielatal am meisten beeindrucken. Besonders wohltuend fällt das Miteinander von Natur- und Kulturlandschaft auf; die kleinen Städte wie Hohnstein und Bad Schandau und Dörfer wie Hinterhermsdorf, Kurort Gohrisch, Cunnersdorf und Waitzdorf passen sich harmonisch in die Landschaft ein. Zahlreiche Umgebinde- und Fachwerkhäuser mit schmuckvollen Türschlußsteinen erfreuen den Besucher.

Den Einsamkeit liebenden Wanderer zieht es im Frühjahr eher in die ruhigen Gegenden der Böhmischen Schweiz mit ihren Felsen und weitläufigen Wäldern zwischen Balzhütte und Khaatal, oder aber in den Zschand zwischen Goldsteig, Thorwalder Wänden und Raumberg. Neben der Ruhe findet der kundige Naturfreund dort auch botanische Besonderheiten wie den weiß blühenden Sumpfporst und das seltene Gelbe Veilchen, beides Pflanzen, die sich nach der Eiszeit an kühlen Stellen erhalten haben. Die Sächsisch-Böhmische Schweiz beheimatet aber auch eine beachtenswerte Tierwelt: seltene Arten wie Uhu, Kolkrabe, Feuersalamander und Luchs sind im Elbsandstein zu Hause. Sogar der hier schon ausgestorbene Wanderfalke wurde wieder angesiedelt. – Jetzt ist auch die Zeit, in der die aus dem Winterschlaf erwachten Siebenschläfer aktiv werden. Bei einer Nacht in einer „Boofe“ unter einem Felsüberhang draußen im Freien kann man die kleinen nachtaktiven „Bilche“ sogar einmal zu Gesicht bekommen. Nur die mitgebrachten Vorräte sind gefährdet, knabbern sich doch die Bilche selbst durch Verpackungen hindurch zu Brot, Äpfeln und Käse…

Die Sommerszeit beginnt. – Die verschiedenen Nuancen des Grüns der Bäume gleichen sich im fortschreitenden Jahr immer mehr einander an, das Blätterdach ist dicht geworden und läßt am Waldboden nur noch Pflanzen gedeihen, die mit dem spärlichen Licht auskommen. Die Temperaturen steigen und das helle, klare Blau des Frühlingshimmels weicht nunmehr diesigen Wetterlagen, wo in der Ferne Himmel und Horizont miteinander zu verschmelzen scheinen. Um den Johannistag blüht im Elbsandstein eine Pflanze ganz besonders auffällig: der Johanniswedel, den man andernorts Waldgeißbart nennt. Noch etwas später sind die Waldränder und Lichtungen von den üppigen Stengeln des Roten Fingerhutes geschmückt, in denen surrende Insekten nach Nahrung suchen.

Jede Jahreszeit, ja selbst jede Tageszeit hat im Elbsandstein ihren eigenen Reiz. Wer das besondere Erlebnis eines Sommermorgens genießen möchte, wenn weiße Nebel im Elbtal und über den Wäldern der Hinteren Sächsischen Schweiz wallen und die Sonne orangerot auftaucht, der muß bereits ganz früh aufstehen. Schnell steigt die Sonne dann höher am Horizont, und ihre wärmenden Strahlen lassen die Nebelschwaden binnen kurzer Zeit verschwinden.

Nachdem die Sonne ihren jahreszeitlichen Höchststand erreicht hat, wird es im Hochsommer etwas ruhiger in der Felsenwelt. Für den Wanderer werden jetzt die tiefen Sandsteinschluchten wie der Uttewalder Grund und die Kirnitzschklamm attraktiver, ist es doch dort deutlich kühler als auf den sonnenbeschienenen Felsenriffen, auf denen jetzt sehr hohe Temperaturen herrschen. Weil das Wasser schnell im porösen Sandstein versickert, können sich nur wenige Pflanzen wie Kiefern und Birken auf diesen Extremstandorten behaupten. Fest verankern sie ihre Wurzeln in Spalten und Klüften des Sandsteins. Die knorrigen Wetterkiefern auf den Riffen wachsen viel langsamer als ihre Artgenossen im „normalen" Wald.

Wie der Sonne Aufgang so ist auch ihr Untergang faszinierend, besonders, wenn man nach einem erlebnisreichen Wandertag den Abend auf einem der exponierten Felsenriffe sitzend, ausklingen läßt. Tiefe Ruhe herrscht über Wald und Fels. Der Sandstein gibt die tags gespeicherte Wärme wieder ab, und am Horizont versinkt die Sonne, der Tag geht zu Ende.

Langsam beginnen sich die ersten Blätter gelb zu färben. Die Temperaturen sinken. Am Morgen liegen Nebel über der Landschaft. Klare Luft und das warme Licht der nun schon wieder tiefer stehenden Sonne tauchen die Landschaft in herbstliche Farbtöne. Die bunten Laubbäume geben dieser Jahreszeit ihren besonderen Reiz. Statt der tiefen, kühlen Schluchten suchen die Wanderer jetzt wieder die sonnigen Riffe und Aussichten.

Die schönsten Plätze im Herbst sind für den Naturliebhaber dort, wo sich in das dunkle Grün der Nadelwälder die nunmehr goldgelben und roten Farben der Buchen, Birken und Ahornbäume mischen. Beeindruckend ist der herbstliche Tiefblick vom Teichstein, warm leuchten die Farben an der Bastei im Abendlicht, leise raschelt das herabfallende Laub am einsamen Mittelplatz in den Ochelwänden. Glück hat, wer den goldenen Herbst so in der Sächsischen Schweiz erleben darf, es gibt aber auch andere Tage. Tage, an denen der Sturm den Regen vor sich her peitscht, wo nasses Laub eine Wanderung zu einer Rutschpartie werden läßt, wo sich die Sonne gar nicht blicken läßt und dicke Wolken und Nebel jede Aussicht verhindern.

Aber selbst dann entdeckt man noch kleine Glanzpunkte, wie die Regentropfen, die an den dunklen Zweigen herabrinnen und wie kleine Perlen glitzern. Wenn dann einmal die Sonne durch die Wolken bricht, glänzen die nassen Bäume und das feuchte Laub auf den Wegen.

So bietet die kleinteilige Landschaft der Sächsisch-Böhmischen Schweiz dem Besucher in jeder Jahreszeit ganz unterschiedliche Erlebnisse. Kamen die Gäste noch vor rund 100 Jahren vor allem in die „Sommerfrische", so entdecken sie mittlerweile immer mehr, daß das Elbsandsteingebirge das ganze Jahr einen Besuch wert ist. Im Jahre 1990 wurde in der Sächsischen Schweiz ein Nationalpark eingerichtet, zehn Jahre später, im Jahr 2000, kam der Nationalpark Böhmische Schweiz hinzu. Beide Gebiete umfassen aber nur einen Teil der schützenswerten Landschaft. Größer als die Wald-Fels-Gebiete der Nationalparks und für die Unverwechselbarkeit des Elbsandsteingebirges ebenso charakteristisch sind auch die offenen Landschaften mit dem Wechsel von Tafelbergen, Ebenheiten, Städten und Dörfern.

Herbstwinde haben das Laub von den Bäumen gefegt. Rauhreif überzieht die Felsen. Der erste Schnee ist gefallen, aber schnell wieder getaut. Nur in der höher gelegenen Lausitz und im Erzgebirge ist er liegengeblieben. Ruhe ist in die Landschaft eingezogen. Der Kreislauf des Jahres hat sich geschlossen, es wird wieder Winter.

Bei einer Wanderung von Hinterhermsdorf zum Luchsstein an der böhmischen Grenze wird man nur selten einem Menschen begegnen. Der frühe Winter ist wohl die ruhigste Zeit im Elbsandstein. Nur einige Unentwegte sind jetzt draußen unterwegs. Bei dem oftmals grauen Wetter sitzen die meisten verständlicherweise lieber in der vorweihnachtlich geschmückten Stube, oder statten dem Striezelmarkt in Dresden einen Besuch ab. Nur einmal, kurz vor Weihnachten, strömen unerwartet viele Wanderer und Bergsteiger hinaus in die Natur, um an der Kleinen Liebe die Wintersonnenwende zu feiern.

Das Jahr neigt sich seinem Ende entgegen. Oft bedeckt kurz vor Silvester eine erste, noch dünne Schneedecke die Landschaft. Kalte Luft strömt von Norden ins Land, die Sonne am Himmel hat kaum Kraft zum Wärmen. Ein letzter Gipfelaufstieg auf den verschneiten Wolfsberg in der Böhmischen Schweiz soll das Jahr beschließen, und es ist ein besonderes Erlebnis, bei klirrender Kälte das Farbenspiel eines Sonnenuntergangs zu erleben. Der Gang durch die Jahreszeiten schließt sich, ein neues Jahr kann beginnen.

Winter an der Elbe – Blick von der verschneiten Rahmhanke bei Rathen

Schneehauben bedecken die Steinkugeln, die einst fü
die mittelalterlichen Steinschleudern
der Felsenburg Neurathen bestimmt waren.

Der Amselfall erstarrt in langen Eiszapfen.

Als steinerner Wachposten baut sich der Mönch vor der Felsenburg Neurathen auf.
Im Jahre 1887 stellten Bergsteiger
eine Mönchsfigur als Wetterfahne auf dem Gipfel auf.

Der Elbstrom

Die Elbe gab unserem Sandstein den Namen, obwohl sie hier gar nicht entspringt, sondern ihre Quelle im westlichen Riesengebirge hat und von dort außerdem zunächst in die entgegengesetzte Richtung, nämlich südwärts zur Donau und damit eher zum Schwarzen Meer und nicht zur Nordsee fließt. Doch dann ändert sie vor der Böhmisch-Mährischen Höhe ihren Lauf und strömt westwärts zur Moldau, mit der sie sich bei Melnik vereinigt und nunmehr ohne Umschweife nordwärts zur Nordsee vordringt. Eigentlich müßte ja die Elbe ab Melnik Moldau heißen; denn diese führt beim Zusammenfluß mehr Wasser als die Elbe, hat auch das größere Einzugsgebiet sowie einen längeren Lauf.

Auf ihrem Weg nach Norden durchbricht die Elbe im Winkel von sudetischer und herzynischer Gebirgsrichtung die Mittelgebirgsschwelle an ihrer weichesten Stelle, eben bei jenem Sandstein, der nach ihr benannt wurde. Zuvor hat sie wie zur Stärkung noch die im Fichtelgebirge entspringende und am Fuße des Erzgebirgssüdabfalles entlangfließende Eger aufgenommen. Dem Elbdurchbruch verdankt also der hiesige Quadersandstein aus der Kreidezeit seine Bezeichnung. Am Anfang floß hier die Urelbe noch ziemlich breit dahin und schuf durch den Wechsel von Abtrag und Aufschüttung verschiedene Terrassen. So verlief ein frühes Elbbett über die später gehobene Hohburkersdorfer Höhe in Richtung Senftenberg. Namentlich im Gefolge von Kaltzeiten vertiefte die Elbe ihren Lauf, bis schließlich die markante Elbschleife um die beiden Härtlinge Lilienstein und Rauenstein entstand.

Heute verbindet dieses Elbtal zwei mitteleuropäische Frühlingspole miteinander: das warme Böhmische Mittelgebirge mit der klimatisch ähnlich begünstigten Dresdener Elbweitung zwischen Pirna und Meißen. Seit der letzten Eiszeit blieb bis zur Gegenwart das Elbtal ein wichtiger Einwanderungsweg für Pflanzen- und Tierarten. In Sachsen fängt östlich der Elbe das Übergangsgebiet vom Atlantischen zum Kontinentalen an, ein Dresdener Gymnasialprofessor drückte schon vor hundert Jahren dieses Naturphänomen bewußt überspitzt mit folgenden Worten aus: Am Alaunplatz beginnt die Taiga. Erzgebirgspflanzen steigen östlich der Elbe ins Hügelland hinab und finden dort oftmals bald die Nordgrenze ihrer natürlichen Verbreitung.

Aber auch siedlungsgeschichtlich ist der Elbstrom bedeutsam. Der Elbdurchbruch ermöglicht einen vielfach genutzten Verkehrsraum zwischen Böhmen und Sachsen. Die Wasserstraße bildet dabei eine alte Lebensader, ihr Ausbau erfolgte bislang behutsam. Volkskundlich treffen an der Elbe im Bereich der Sächsischen Schweiz lausitzische und erzgebirgische Elemente zusammen.

Verschneite Ufer säumen das breite Band des Elbstromes.

Die Herkulessäulen im Bielatal haben ihr Winterkleid angelegt.

„Mit Staunen und Verwunderung bleibt gewiß jeder fühlende Mensch hier stehen, und überdenkt, wie es möglich ist, daß die beiden Säulen nicht längst zusammengestürzt sind." Carl Merkel, 1826

Unverwechselbar erhebt sich der Lilienstein mit seinen scharfen Konturen über der verschneiten Ebenheit.

Vom Elbsandstein

Geologisch betrachtet gehört der Elbsandstein zum großen böhmischen Kreidegebiet zwischen Heuscheuergebirge und Dippoldiswalder Heide, Prachauer Felsen und Zittauer Gebirge. All diese bekannten Sandsteingebiete verdanken ihre Entstehung der Sedimentation in einem einzigen Meer während der Oberkreidezeit. Von der einst geschlossenen Sandsteintafel blieben nur einzelne Reste übrig. Trotz gleicher Herkunft weisen die jeweiligen Vorkommen inzwischen aber eine ganz ausgeprägte Eigenart auf, so auch der Elbsandstein.

Dazu zählt vor allem eine auffällige Quaderstruktur, weshalb der Elbsandstein auch Quadersandstein genannt wird. Die Betonung des Waagerechten durch Schichtung und Bankung bei der Sedimentation im Kreidemeer wird ergänzt durch eine Hervorhebung des Senkrechten infolge Klüftung der Sandsteinplatte während der tektonischen Belastung zur Lausitzer Überschiebung im Tertiär. Dabei handelt es sich um eine überwiegend rechtwinklig zueinanderstehende Klüftung, wodurch die besonders regelmäßige Quaderung zustandekommt. Diese Zerrüttung der Sandsteintafel durch Klüftung erleichterte bei der Verwitterung die Entstehung von Felsriffen mit Felswänden, Felstürmen und Felsnadeln. Überhaupt fällt beim Elbsandstein eine hohe Vielfalt an Verwitterungsformen auf: Überhänge und Höhlen, Torbögen und Sanduhren, Wandrisse und Wabenwände, Kamine und Gründe, Blockwerk infolge Felssturz.

Unverkennbare Wahrzeichen des Elbsandsteines sind aber die Tafelberge. Sie blieben auf den ansonsten ausgeräumten Ebenheiten als Härtlinge stehen. Ihre Namen enden in der Regel mit -stein, während die kuppenartigen Basaltdurchbrüche meist -berg genannt werden. Auch Ebenheit ist eine regionaltypische Namensgebung für verebnete Flächen. Tafelberge gibt es im mitteleuropäischen Kreidesandstein nur noch einmal im Heuscheuergebirge, nämlich die Große und Kleine Heuscheuer.

Zu den Besonderheiten des Elbsandsteingebietes zählen außerdem gefritteter Sandstein in unmittelbarer Nähe basaltischer Schlote, Harnischflächen und Netzleisten bei Sandstein nahe der Lausitzer Überschiebung, mitgerissene Jurakalklinsen entlang der Lausitzer Überschiebung, Staublehm-Aufwehung und Gletscher-Ablagerungen über Sandstein während der Eiszeit, die Feuerstein-Linie als Grenze der weitesten Vereisung, Strudellöcher im Sandstein durch eiszeitliche Schmelzwässer und Mahlwirkung nordischer Geschiebe wie bei den alpinen Gletschermühlen sowie kleinere Sandsteininseln in osterzgebirgischen Übergangslagen.

Elbsandstein gilt als ein ausgezeichneter Werkstoff. Die Steinbrecher unterscheiden zwischen dem harten Postaer Stein und dem weichen Cottaer Stein und meinen damit den begehrten Wasserbaustein und den berühmten Bildhauerstein.

Mulden und Absätze bilden Auflagen, auf denen der Schnee liegenbleibt, der die Gipfel und Zinnen der Schrammsteine in winterliches Weiß hüllt.

Rauhreif, Schnee und Eis lassen an Gräsern und Bä
kleine Kunstwerke entstehen.

Winterlandschaft bei Pfaffendorf – im Hintergrund die Festung Königstein

Die stilvollen Villen aus der Zeit um 1900, hergerichtet für die Sommerfrischl

en nun ihre Winterruhe.

Kurort und Fels Gohrisch

Lange Zeit war Gohrisch am Fuße des gleichnamigen Felsens ein verschlafenes Bauerndorf. Weder die beginnende Elbschifffahrt 1837 noch der Bau der Eisenbahn 1850/51, die zahlreiche Touristen in andere Orte der Sächsischen Schweiz brachten, konnten daran etwas ändern. Erst der Impuls eines „Zugereisten", dem lediglich zwei Jahre in Gohrisch wohnenden Adalbert Hauffe, damals Inhaber des Erbgerichts, brachte ab 1869 den Durchbruch. Seitdem besuchen zahlreiche Gäste den Ort, der schon 1875 als „Sommerfrische und klimatischer Luftkurort" bezeichnet wird. Um 1900 drängen dann schmuckvolle Villen den bäuerlichen Charakter des Ortes immer weiter zurück.

Bis heute prägen Tourismus und Kuraufenthalte das Geschehen im Ort, der sich seit dem Jahr 2000 als der erste Luftkurort Sachsens bezeichnen darf.

Wie der Ort, so hat auch der Fels Gohrisch erst spät touristisches Interesse gefunden. Fast alle umliegenden Tafelberge waren schon längst bestiegen und erschlossen, da lag der Gohrisch immer noch im Dornröschenschlaf. Dieser wurde erst 1886 durch den verdienstvollen Oberförster Emil Grünewald beendet, der gemeinsam mit dem Gebirgsverein für die Sächsisch-Böhmische Schweiz die heute noch bestehenden drei Aufstiege anlegen ließ, deren interessantester sicherlich die enge Falkenschlucht ist.

Als Höhepunkt der Erschließung des Gohrischs wurde 1888 noch eine achteckige Schutzhütte errichtet, deren Wände mit Fichtenrinde verkleidet und deren kleine Fensteröffnungen sogar mit farbigem Glas versehen waren. Fast 70 Jahre bestand diese Hütte, doch dann verfiel sie. Beinahe wäre sie in Vergessenheit geraten, wenn nicht der 1990 wiedergegründete Gohrischer Gebirgsverein die touristischen Belange wieder fest in die Hände genommen hätte.

Neben einer dem Erschließer Oberförster Grünewald gewidmeten Steinbank am Eingang der Falkenschlucht wollte der Verein auch die Schutzhütte an gleicher Stelle wieder aufbauen. 1998 war es dann soweit: die neue, diesmal sechseckige Schutzhütte konnte eingeweiht werden. Auch der Gedenkstein für Adalbert Hauffe vor „Annas Gasthof" wurde erneuert. Bis in die heutige Zeit fühlen sich viele Heimatfreunde dem Geist und der Tradition des Gebirgsvereins verbunden, Kurort und Fels Gohrisch sind dafür ein lebendiger Beweis.

Trotz tiefen Schnees finden viele Wanderer den Weg auf den Gohrisch und rasten in der Schutzhütte, die der Gohrischer Gebirgsverein erbaute.

Winter auf dem Papststein – Blick zum Gohrisch und zur Festung Königstein

Schon seit über 100 Jahren zieren Wetterfahnen die Nordwestspitze des Gohrischsteins. Die Wetterfahne mit dem Gipfelgruß „Berg Heil" wurde 1985 von einem Gohrischer Heimatfreund angefertigt.

Tief senken sich die Äste der alten Wetterkiefer unter der Last des Schnees.

Bäume und Heidekrautbüschel sind vom Reif wie verzuckert.

Eisgardinen –
ein häufiges Bild bei Winterwanderungen

Blick vom Neuen Wildenstein,
auf dem sich einst die gleichnamige mittelalterliche Burg befand, zu den Lorenzsteinen.

Von Wegekreuzen, Heiligenfiguren und Kapellen

Wer die Böhmische Schweiz und das sich anschließende nordböhmische Niederland durchwandert, der trifft auf zahlreiche mehr oder weniger gut oder nur in Resten erhaltene Kapellen, Kreuzberganlagen, Heiligenfiguren sowie Gipfel- und Wegekreuze. Diese vor allem im 17., 18. und 19. Jahrhundert errichteten Andachtsstätten wurden bis 1945 von der hier beheimateten, vorwiegend deutschen, katholischen Bevölkerung bei Prozessionen und Wallfahrten, bei der Wald- und Feldarbeit oder beim Gang über Land besucht, um im Gebet Trost und Kraft zu finden.

Ihre Erbauer oder Stifter waren Einzelpersonen, Familien oder Vereine. Es gab Dörfer, wo jeder Bauernhof sein eigenes Kreuz hatte. Auf den Fluren von Zeidler (Brtníky) und Hemmehübel (Kopec) konnten bis 1945 insgesamt 52 solcher Kreuze, Statuen, Bildsäulen und Heiligenbilder gezählt werden. Vielen Wanderern bekannt ist die noch erhaltene St. Antonius-Säule am Ortsausgang von Hemmehübel, dessen Statue leider entwendet wurde. Sie wurde, wie eine am Sockel befindliche Inschrift besagt, zum Gedenken an den hier am 6. Juli 1707 verstorbenen Johannes Zimmer errichtet. In dem kleinen Dörfchen Rennersdorf (Rynartice), wo die Mittel für den Bau eines Kreuzweges fehlten, errichtete man stattdessen auf dem Kreuzberg ein schlichtes, weithin sichtbares, hohes Holzkreuz. Es wurde 1991 erneuert.

Oft haben diese Andachtsstätten dem Berg, der Flur oder dem an ihnen vorbeiführenden Weg den Namen gegeben. Beispiele sind die zahlreichen Kreuzberge oder die sogenannte Kreuzbuche an der Straße von Kreibitz (Chřibská) nach Böhmisch-Kamnitz (Česká Kamenice). Hier war das an einer Buche zum Gedenken an die an dieser Stelle 1757 während des Siebenjährigen Krieges begrabenen preußischen und österreichischen Soldaten angebrachte Kreuz namensbildend.

Eine besondere Sehenswürdigkeit und Ausdruck von Volksfrömmigkeit ist die in einen Sandsteinblock gehauene Felsenkapelle von Schemmel (Všemily). Sie befindet sich neben dem einstigen Schulhaus und bietet etwa 15 Personen Platz. Den Altar schmückt eine farbige Reproduktion des Gemäldes der berühmten „Sixtinischen Madonna" von Raffael.

Jede Andachtsstätte hat ihre besondere Entstehungsgeschichte und könnte Geschichten von Freud und Leid vergangenen Lebens erzählen. Daß in den letzten Jahren manche von ihnen wieder hergerichtet wurden, werden die Freunde dieser Landschaft dankbar anerkennen.

Die Statue des hl. Nepomuk bei Binsdorf (Bynovec) blickt auf den allmählich schwindenden Schnee unterm Rosenberg.

Auch alte und abgestorbene Bäume stehen auf dem Rosenberg,
der seit dem Jahr 2000 zum Nationalpark Böhmische Schweiz gehört.

Oft bleibt der Gipfel des Rosenberges bis in den März hinein tief verschneit.
Früher befanden sich hier ein Gasthaus und ein Aussichtsturm.

Der Frühling zieht zuerst in das Elbtal ein – wie hier an der Burg Altrathen.

enpolster auf der Steinmauer der Felsenburg Altrathen

Eine alte Linde steht wie ein Wächter
über dem Eingang von Altrathen.

Märzenbecherblüte im Polenztal

Die Märzenbecherwiesen im oberen Polenztal sind wohl sachsenweit bekannt. Sie liegen bereits im Lausitzer Granit und gehören somit schon nicht mehr zum eigentlichen Elbsandsteingebiet. Der breite Talboden im granitenen Kerbtal der Polenz war bei der Landnahme durch süddeutsche Bauern im 12. Jahrhundert gut geeignet für die Anlage von ausgedehnten Wiesen entlang des Fließgewässers. Enge Sandsteingründe mit ihrer schmalen Talsohle und ihren schattenwerfenden Felswänden kamen dafür kaum in Frage. So hat flußabwärts das Polenz-Engtal bei Hohnstein auch keine Talwiesen mehr aufzuweisen, angeschwemmte Märzenbecherzwiebeln haben hier am Ufersaum lediglich zu einem bandartigen Vorkommen geführt.

Eigentlich ist ja der Märzenbecher von Natur aus eine typische Auwaldpflanze. Unser heutiges Leitbild von den Märzenbecherwiesen erweist sich somit als ausgesprochen landnutzungsbedingt, bleibt aber wegen des höheren Erlebniswertes zur Märzenbecherblüte durchaus bewahrenswert und das Objekt selbst auch weiterhin schutzwürdig. Eine natürliche Wiederbewaldung der Talwiesen käme zwar als artgerechte Renaturierung dem Märzenbecher sehr zugute, wäre jedoch für die meisten Besucher ein völlig ungewohnter Anblick. Naturschutz und Ausflugsverkehr bilden eben immer ein um Kompromisse ringendes Spannungsfeld.

Durch den Landesverein Sächsischer Heimatschutz wurden im oberen Polenztal bereits 1928 erste Wiesenflächen aufgekauft. Nach 1990 kamen bislang neben dem Rückkauf dieser 1948 enteigneten 2,38 ha noch weitere 9,45 ha durch Aufkauf hinzu, außerdem pachtete der Verein 5,50 ha Talwiesen. Das seit 1967 oberhalb und unterhalb der Bockmühle mit einer Größe von 6,50 ha bestehende Naturschutzgebiet Märzenbecherwiesen bildet nunmehr das Kernstück jener insgesamt 17,33 ha umfassenden Vereinsflächen. Seit dem Jahr 2001 liegen sie zudem im Landschaftsschutzgebiet Oberes Polenztal / Hohes Birkigt.

Die Kulturformation Wiese hat gegenüber der ursprünglichen Waldgesellschaft ein viel labileres Ökosystem. Der Fortbestand solch empfindlicher Zwiebelpflanzen wie der Märzenbecher bleibt auf Wiesen nur bei einer angemessenen Bewirtschaftungsweise dauerhaft gesichert. Ganz entscheidende Bedeutung kommt dabei der positiven Wirkung einer fast ganzjährigen Bewässerung durch einfaches Überfluten zu. Jede Art von Beweidung schadet den Märzenbecherpflanzen, die geschützten Talwiesen müssen trotz ihrer ungünstigen Lage Mähwiesen bleiben. Damit die Fruchtstände der Märzenbecher vollständig ausreifen können, sollte der erste Futterschnitt aber nicht vor dem 24. Juni, dem Johannistag, erfolgen.

Die meisten Besucher kommen nur zur Märzenbecherblüte ins obere Polenztal, oftmals ist es sogar in jedem Jahr ihr erster Ausflug in den erwachenden Frühling. Doch der Kenner weiß an der jungen Polenz auch die besondere Stille zu anderen Jahreszeiten zu schätzen.

Zum Frühlingsanfang schmücken sich die Wiesen im oberen Polenztal mit Tausenden von Märzenbechern.

Auf den feuchten Wiesen des Schwarzbachtals
gedeihen Sumpfdotterblumen.

Sauerklee hat sich einen Platz
in einer Baumwurzel gesucht.

Wie überall, so sprießt auch im einsamen Schwarzbachtal endlich das erste Grün,
und die Sonne läßt das Wasser glitzern.

Im tiefen Sandstein-Engtal der Polenz zeigen sich Buschwindröschen als Frühlingsboten.

Die Polenz hat bis heute ihren Wildbachcharakter bewahrt.

Das Besondere am Polenz-Engtal

Die Polenz entspringt am westlichen Beginn des Lausitzer Berglandes, genauer gesagt beim Moosborn im Hohwald und bei der Landesgrenze oberhalb von Langburkersdorf; denn das Gewässer hat zwei Quellarme, die sich mitten in Neustadt vereinigen und dann wie der erste im ganzen durchflossene Ort Polenz genannt werden.

Unterhalb von Polenz bildet die Polenz im Granit ein lichtes Kerbtal mit zahlreichen kleineren Zuflüssen. Bei Hohnstein tritt die Polenz in den Elbsandstein ein, wodurch schlagartig die Talform in ein dunkles Engtal ohne ständige Nebenbäche wechselt. Dieser Talabschnitt zählt zum ökologisch wertvollsten Teil der Vorderen Sächsischen Schweiz.

Hier ist jenes Lokalklima der Sandsteingründe besonders stark ausgeprägt, das sich durch ausgeglichenen Temperaturgang, beständige Luftfeuchte und hohe Windruhe auszeichnet. Wie ein guter Keller sind Sandsteingründe wintermild und sommerkühl. Ihre Bäche führen nur selten ganzjährig Wasser, die meisten von ihnen trocknen schnell aus. Das Polenz-Engtal bildet da eine Ausnahme. In der Polenzbach – so wird der Nebenfluß der Elbe seit alters her noch immer von den Bewohnern der anliegenden Gemeinden genannt – ist der Wasserstand nahezu gleichbleibend. Schwankungen treten lediglich bei Hochwasser zur Schneeschmelze oder nach Starkregen sowie bei Niedrigwasser in Dürrezeiten auf.

Im Sommer dampfen die kühlen Gründe nach einem kurzen Gewitterguß weithin sichtbar; die Einheimischen sagen dann: „Die Buschmutter kocht". Im Winter bilden sich im unmittelbaren Felsbereich an Rieselstellen recht dauerhafte Eisgardinen, die Felswand unterm Kalten Loch im Polenz-Engtal ist für solch gletscherhafte Eisgardinen ein jährlich wiederkehrendes Schulbeispiel.

Dem Kellerklima verdanken die Sandsteingründe auch ihre Höhenstufen-Umkehr. Auf der Talsohle kommen vermehrt Tier- und Pflanzenarten der Gebirgsstufe vor (z.B. Fichte), auf den höher gelegenen Felsriffen dagegen Vertreter der Tieflandsstufe (z.B. Kiefer), obwohl wir uns doch eigentlich in der Eichenstufe des Hügellandes befinden. Geländebedingt hat sich im Polenz-Engtal noch eine recht naturnahe Vegetation erhalten können, der Einfluß der forstlichen Kunst blieb hier begrenzt. Das kam der in Sachsen anderswo bereits ausgestorbenen Weißtanne sehr entgegen, wie etliche vitale Alttannen mit ihrer zahlreichen Naturverjüngung beweisen.

Bei der ehemaligen Waltersdorfer Mühle weitet sich im Sandstein das untere Polenztal wieder. Noch 1890 gab es ernsthafte Pläne zum Bau einer Polenztal-Eisenbahnstrecke von Porschdorf nach Hohnstein, ja sogar bis Neustadt. Selbst der Aufstau der Polenz zur Inbetriebnahme einer Kahnfahrt wie in den anderen rechtselbischen Klammen war um 1894 geplant. Dann wäre es um den eindrucksvollen Wildbach-Charakter im Polenz-Engtal für immer geschehen gewesen.

Der Polenztalwächter ist der markanteste Felsturm des Tales.

Sonnenlicht durchdringt das zarte Grün der Laubbäu

Mit ihren bemoosten Wurzeln klammert sich die Fichte am Felsblock fest.

Die Rußigmühle im Polenztal wurde 1849 erbaut und
ist bereits seit 1854 im Besitz der Familie Rußig.

über dem Tal der Polenz thront der Hockstein.
Seit 1821 verbindet die Teufelsbrücke
den Felsen mit dem Hinterland.

Im Zentrum der Böhmischen Schweiz, aber dennoch einsam und abseits der Hauptwanderwege gelegen, gilt die kleine Waldlichtu
unter dem Eulenhübel (Mlýny) bei Hohenleipa (Vysoká Lípa) als Geheimtip für Naturliebhaber.

Das Kleine Prebischtor unweit vom Eulenhübel

Auf dem 556 m hohen Basaltgipfel des Großen Winterberges, der einst eine bedeutsame Station auf dem historischen Fremdenweg befindet sich das am höchsten gelegene Gasthaus der Sächsischen Schweiz.

Von der Kipphornaussicht unterhalb des Großen Winterberges schweift der Blick hinüber auf die andere Elbseite zu Zirkelstein, Kaiserkrone und den Zschirnsteinen.

Der Zirkelstein

Der Zirkelstein ist eines der markantesten Felsgebilde im linkselbischen Gebiet der Sächsischen Schweiz. Obwohl er mit seinen 385 m Höhe wie ein „ungeheurer Wartturm" in der Landschaft steht, ist er im Gegensatz zu anderen ähnlich freistehenden Felsen nie für Verteidigungszwecke befestigt worden. Der Name „Circkel-Stein" findet sich erstmals auf der in den Jahren 1592/93 von Matthias Oeder im Rahmen der kursächsischen Landesaufnahme gezeichneten Karte. Namensbildend war vermutlich die Form des Felsmassives. Otto von Odeleben, der in den Jahren 1823 bis 1826 als Kartograph die besuchtesten Teile der Sächsischen Schweiz vermaß und als Kartendruck veröffentlichte, sah in dem Zirkelstein „ein Symbol der Mathematiker und Geodäten".

Auch Caspar David Friedrich, der seit 1799 mehrfach die Sächsische Schweiz durchwanderte und dabei wiederholt in Krippen wohnte, war beeindruckt von der Form des Zirkelsteines. Er malte ihn in einem seiner bekanntesten Gemälde, „Der Wanderer über dem Nebelmeer". In diesem Gemälde fügte er mehrere Motive aus der Sächsischen Schweiz zu einem Sinnbild zusammen.

Alte Ansichten des Felsens, wie sie u. a. in den 1823 veröffentlichten „30 malerischen An- und Aussichten" der Sächsischen Schweiz zu finden sind, die der junge Ludwig Richter zeichnete und stach, zeigen den Fuß des Felsens noch wenig bewaldet. Während man schon damals um den unteren Bereich wie um eine Galerie gehen konnte, war der Gipfel nur mühsam durch eine enge Schlucht zu erreichen. 1842 ließ der Gutsbesitzer Füssel aus Schöna als Besitzer des Felsens für einen bequemeren Aufstieg Stufen in den Stein hauen und auf dem Gipfel ein Blockhäuschen bauen. Darin wurden in der Sommerszeit an Sonntagen Erfrischungen verkauft. Als Wirtin war damals Füssels Frau, die „Zirkelmutter", weithin bekannt. Sie betrieb den Ausschank bis in ihr 89. Lebensjahr. Bei ihr soll einst sogar – so erzählt der Heimatdichter Wilhelm Schindler in einer launigen Geschichte – der sächsische König Friedrich August II. als einfacher Wandersmann eingekehrt sein und sich an der Zutraulichkeit der biederen Frau gefreut haben.

Nachdem im Jahre 1920 ein Blitzschlag das Blockhaus zerstört hatte, wurde es nicht wieder aufgebaut. Geblieben ist aber die prachtvolle Rundsicht, die weit ins böhmische Elbtal und elbabwärts reicht.

Wie ein steinerner Wartturm steht der Zirkelstein inmitten von Löwenzahnwiesen und Feldern.

Steinerne Zeugen der Vergangenheit:
Wegsäule von 1840 am Alten Marktweg und
Schächers Kreuz im Zschirnsteinwald,
steinerne Löwen auf der Kaiserkrone

Umgebindehaus in der Dorfaue von Kleingießhübel

Der Friesenhof in Cunnersdorf war seit 1604 Sitz der Oberforstmeisterei
für die kurfürstlichen Wälder der Sächsischen Schweiz.

Das helle Grün der Laubbäume leuchtet im Frühling vor dem Dunkel des Nadelwaldes am Fuße des Pfaffensteins.
Neben dem massigen Tafelberg steht die schlanke Felsnadel der Barbarine.

Ein strahlend schöner Frühlingstag –
gelbblühende Felder, watteweiße Wolken auf azurblauem Himmel, der dunkle Fels des Liliensteins ...

... und die alten Pappeln der Napoleonstraße zur Blütezeit des Rapses

„Schneehübel" war die ursprüngliche Bezeichnung für Schnauhübel (Sněžná). Tatsächlich zieht hier, in die hinteren Gebiete der Böhmischen Schweiz, der Frühling sehr spät ein. Inmitten von Wiesen liegt die idyllische Ansiedlung Schnauhübel.

Am Wege nach Schnauhübel lädt die Dreifaltigkeitskapelle zur Andacht ein.

Die Wallfahrtskirche „Maria Schnee" in Schnauhübel

Die Eheleute Johann Christof und Maria Liebsch aus Schnauhübel, tschechisch Sněžná genannt, wollten mit dem beträchtlichen Vermögen, das sie durch die Bleicherei und den Garnhandel erworben hatten, etwas für ihr und ihrer Landsleute Seelenheil tun. Deshalb ließen sie in ihrem Heimatdörfchen eine Kapelle bauen. Sie wurde am 18. Februar 1734 geweiht und erhielt zur Erinnerung an das „Schneewunder von Rom" (5. August) und an das Geheimnis der Mutterschaft Marias den Namen „Maria Schnee".

Da Schnauhübel nach Zeidler, dem heutigen Brtníky, eingepfarrt war, wurde die Kapelle mehr als einhundert Jahre bis zur Errichtung einer eigenen Pfarrei im Jahre 1851 vom dortigen Pfarrer betreut. Zu diesem Zeitpunkt war das Schnauhübler Kirchlein schon einige Jahrzehnte Wallfahrtskirche. Als nämlich im Jahre 1813 die Gegend um Rumburg durch glückliche Umstände von den befürchteten Kriegsnöten weitgehend verschont geblieben war, gelobten die Rumburger, als Dankopfer künftig alljährlich eine feierliche Prozession nach Schnauhübel zu unternehmen. 1814 fand die erste Prozession statt. Die Wallfahrten zogen seitdem alljährlich vom 5. bis 12. August Scharen von Gläubigen an.

Zwischen 1845 und 1847 wurde die Kapelle durch den Anbau eines Schiffes erweitert und 1848 an der Außenwand ein einfacher Kanzelkorb angebracht. Nun konnte bei großem Menschenandrang und bei schönem Wetter vor der Kirche zu den dort stehenden und lagernden Wallfahrern gepredigt werden. Vor dem landschaftlich reizvollen Hintergrund muß das ein malerisches Bild abgegeben haben. Die Tage der Wallfahrt waren jedesmal ein Volksfest, bei dem auch verschiedene Verkaufsbuden nicht fehlten.

Nach Unterbrechungen in den Jahren 1945/1946 durch die Ausweisung eines großen Teiles der deutschen Bevölkerung wurden die Wallfahrten wieder aufgenommen und bis in unsere Zeit in bescheidener Weise weitergeführt. Sie sind jedesmal auch ein Treffpunkt der in der alten Heimat verbliebenen Deutschen. An der Kirche liegt der kleine, liebevoll gepflegte Friedhof des Dorfes. Vor dem Kirchgiebel grüßt die Statue des heiligen Nepomuk und an der Kirchenwand erinnert ein altes Bildnisrelief mit entsprechender Inschrift an die einstigen Stifter.

Das Wallfahrtskirchlein „Maria Schnee“ in Schnauhübel

Aus der Böhmischen Schweiz kehren wir
wieder zurück in den sächsischen Teil
des Elbsandsteingebietes.
Der allseitig überhängende Hickelkopf in
Thorwalder Wänden steht nur auf eine
kleinen Auflagefläche.

Um die Pfingstzeit blühen Sumpfporst und Gelbes Veilchen besonders in den kühlen Winkeln der Hinteren Sächsischen Schweiz.
Beide Pflanzen haben nach der Eiszeit dort ihren Lebensraum gefunden.

Der Große Zschand ist ein Kletterparadies für diej
die neben dem großartigen Gipfelerlebnis au
Abgeschiedenheit und Ruhe suchen.
Der „Alte Weg" auf die Sommerwand wird mit
wunderbaren Aussicht belohnt.

Schwierige Rißkletterei am Goldstein
im Großen Zschand

Die Buschmühle im Kirnitzschtal

Von den zahlreichen Mahl- und Schneidemühlen, deren Mühlräder einst vom Wasser des Kirnitzschbaches getrieben wurden, hat die malerisch am Felsen gelegene Buschmühle ihr einstiges Aussehen noch weitgehend gewahrt. In ihr werden zwar keine Bretter mehr geschnitten und Getreidekörner zu Mehl gemahlen, aber das Wasserrad und die für den Mühlenbetrieb notwendigen Anlagen und Räumlichkeiten sind noch vorhanden. Und seit eh und je ist die Mühle eine beliebte Einkehrstätte für Wanderer, Bergsteiger und Buschleute.

Vielleicht hat Magister Götzinger die Buschmühle vor Augen gehabt, als er in seiner 1812 erschienenen Beschreibung der Sächsischen Schweiz den damaligen „Schweizreisenden" eine Rast in den Mühlen und die Müllersleute als Wirtsleute empfahl: „So auffallend der gewöhnliche Dialekt der Bewohner aller dieser Gründe ist, der fast noch härter als der deutsch-böhmische ist, so darf man sich davon nicht abschrecken lassen, das beste Zutrauen zu diesen Leuten zu fassen. Sie sind sehr gutmütig, dienstfertig und gefällig, und sind bereit, den Reisenden mit frischer Milch, herrlicher Butter und Brot zu bewirten, wenn er einer solchen Stärkung bedarf."

Die Buschmühle hat sich nachweislich seit fast drei Jahrhunderten in einer Familie bis zum heutigen Tag weitervererbt. Das Wohnhaus der Mühle wurde nach einem Brand um das Jahr 1786 neu erbaut. Vom Mühlenbetrieb allein konnte aber der Müller nicht leben, zumal, wie er 1770 klagte, die „Mahlgäste" aus Ottendorf und Hertigswalde nur selten ihr Getreide hierher brächten. Eine gewisse Sicherung des Einkommens brachte daher die Feldwirtschaft auf dem über der Mühle gelegenen „Jentschdörfel" (auch „Buschmüllers Räumicht" genannt) und die Haltung von einigen Kühen. 1879 preist ein unbekannter Schreiber in einer Tageszeitung die Buschmühle mit den „zwar kleinen, aber freundlichen Stübchen" als erholsame Sommerfrische an und empfiehlt den nicht Ortskundigen den Bruder des Buschmüllers Glaser, „welcher in der näheren wie weiteren Umgebung jeden Baum, Strauch, jeden merkwürdigen Felsblock kennt", als Wanderführer. Damals kaufte auch der Buschmüller den Heidelbeersammlern gerne die Beeren ab, um daraus Wein zu bereiten, den er seinen Gästen servierte, während die „alte Buschmüllern" in der dämmrigen Gaststube von der „Unsumme Goldes" erzählte, die angeblich auf dem Arnstein in der Zisterne liegen solle.

Die Buschmühle im Kirnitzschtal

Weit weniger bekannt als die Buschmühle ist die Gelobtbachmühle im Elbtal an der Grenze zu Böhmen.
Sie wird nur selten von Wanderern aufgesucht.

Oberhalb des Mühlengebäudes liegt versteckt in einer Felsnische der türkisfarben schillernde Mühlteich,
aus dem einst das Wasser zur Gelobtbachmühle floß
und das Mühlrad trieb.

Kuckucks-Lichtnelke und Ehrenpreis gedeihen
in den feuchten Fluren um den Mühlteich
bei Eiland (Ostrov) im böhmischen Teil des Bielatal

Im sächsischen Bielatal staunt man, daß die schlanken Nadeln
der Herkulessäulen so standsicher sind.

Um den Johannistag leuchten die Blüten
des Johanniswedels
in den kühlen Gründen.

Fast jeder Besucher kennt die Herkulessäulen –
das Kachemoor, nur eine Wanderstunde entfernt und versteckt im Wald gele
wird dagegen wenig besucht.

Blick zum Falkenstein – Wiesen, Wolken und Felsen sind in das Abendlicht getaucht.

Schlanke Felstürme und gewaltige Gipfel wie der Östliche Rauschenturm charakterisieren das Schmilkaer Gebiet.

Von den Schneeberger Aussichten
hoch über dem Schmilkaer Kessel blickt man hinab
auf den Märchenturm.

Lange Zeit fehlten die Wanderfalken in der Sächsischen Schweiz. Seit 1989 brüten sie wieder in den Felsen. Ihre Wiederansiedlung ist für die Betreuer ein großer Erfolg. Während der Brutzeit beobachten sie die Falken aus der Ferne.

Würgfalken, hier Jungvögel am Horst, gelten als ornithologische Rarität. Zum ersten Mal in Deutschland brütete 1997 ein Würgfalkenpaar in der Sächsischen Schweiz.

Typische Tierarten im Elbsandstein –
Uhu, Siebenschläfer, Wanderfalke und Feuersalamander

Der Marktplatz von Bad Schandau mit der zu Beg
des 18. Jahrhunderts errichteten Stadtkirche.

Bad Schandau

Ausschlaggebend für die Gründung von Schandau an der Einmündung der Kirnitzsch in die Elbe waren die günstige Lage am Fluß und die Nähe der Hohen Straße, die über Altendorf, Mittelndorf und Lichtenhain nach Böhmen und der Oberlausitz führte. Beide, die Elbe und die Hohe Straße, waren wichtige Handelswege zwischen Böhmen und Sachsen.

Im Jahre 1437 wird der Ort erstmals in einer Urkunde erwähnt und acht Jahre später ausdrücklich als Städtlein bezeichnet, was bedeutete, daß die Bürger zünftige Handwerke und Handel betreiben durften. Das Handwerk und der Handel mit Getreide, Holz, Steinen, Salz und Obst, der Schiffsbau, die Flößerei, die Fischerei und die Schiffahrt bildeten fortan bis ins 18. Jahrhundert die wesentlichste Erwerbsgrundlage für die Einwohnerschaft. Schandauer Handelsherren kauften u. a. in Böhmen Glas- und Siebwaren sowie Seifensiederasche ein und brachten diese Erzeugnisse in Hamburg auf den Markt. Dort erwarben sie für den Verkauf im Binnenland „Hamburger Ware" in Form von Fischen und Erzeugnissen aus Übersee wie Kaffee, Gewürze, Südfrüchte und andere Spezialitäten.

Für die Entwicklung Schandaus zum Badeort und zu einem Zentrum des Fremdenverkehrs in der Sächsischen Schweiz waren die am Anfang des 18. Jahrhunderts beginnende Nutzung der Heilquelle als Gesundheitsbad und die Entdeckung der Naturschönheiten der Sächsischen Schweiz von Bedeutung. Die Stadt lag am „klassischen" Wanderweg. Unter den vielen „Schweizreisenden", die hier seit dem Ende des 18. Jahrhunderts einkehrten oder zur Badekur kamen, befanden sich Leute mit klangvollen Namen.

Hochfliegende Pläne verfolgte seit 1876 der Hotelier Rudolf Sendig. Es gelang ihm, das Elbestädtchen zu einem beliebten Kur- und Erholungsort in Deutschland zu entwickeln. In seinen Hotels und Pensionen wohnten Fürstlichkeiten, Gelehrte und Künstler wie Adolph Menzel, Richard Strauß, Max Klinger, Siegfried Wagner und Sarasate. 1920 erlangte Schandau die amtliche Bezeichnung „Bad" und 1936 wurde es offiziell in die Liste der Kneippkurorte aufgenommen.

Gegenwärtig ziehen die 1993 am Stadtpark neuerbaute Kirnitzschtalklinik und die im gleichen Jahr auf der Ostrauer Scheibe errichtete Falkensteinklinik jährlich Tausende Kranke an, die sich dort behandeln lassen. Bad Schandau ist außerdem Sitz der Verwaltung des Nationalparks Sächsische Schweiz. Das frühere Kino wurde zum Nationalparkhaus umgebaut.

Um den im Jahr 2000 neugestalteten Marktplatz von Sebnitz stehen Wohn- und Geschäftshäuser,
die nach dem großen Stadtbrand von 1854 erbaut wurden.

Blick von der Ruine der Wehlener Burg auf den Marktplatz von Stadt Wehlen

Wie Bilder aus vergangenen Tagen – „Schwalbenversammlung“ vor einem Bauernhaus in Goßdorf ...

ein kunstvoll gestalteter Taubenschlag in Rathewalde.

Zur Romantik der Sächsisch-Böhmischen Schweiz gehören seit 200 Jahren künstliche Wasserfäl

essionen vom Amselfall bei Rathen.

Morgenstimmung an den Gansfelsen

Harmonisch fügt sich die 1850/51 erbaute steinerne Basteibrücke in die Felsen ein.
Im Mittelalter überspannte eine Holzbrücke die Kluft zur Felsenburg Neurathen.

Steinschleuder in der Felsenburg Neurathen.
Auf einem Felsen mit dem Namen „Steinschleuder“
fand man Falze, nach deren Abmessungen
das Wurfgeschoß originalgetreu rekonstruiert werden ko

CHRISTOPH HASE 1706
WAR TER SWETE IN LANTE
ES KUSTETE VIL GELT

Diese Felsinschrift in der Felsenburg Neurathen entst
im Jahre 1706. Damals flüchteten die Bewohner
der umliegenden Orte vor den schwedischen Besatzern h

Im Areal der Felsenburg Neurathen erinnern eine überdachte Zisterne, Wehrgänge und zahlreiche in den Sandstein geschlägelte Räume an die mittelalterliche Burgenzeit.

Auch auf dem Winterstein, oft Hinteres Raubschloß genannt, findet man noch Mauerreste der mittelalterlichen Burg vor.
Der mannshohe Postenstand in der Südseite war einst Bestandteil des Wehrganges.

Der Winterstein

Der Winterstein – im Volksmund noch oft als Hinteres Raubschloß bezeichnet – gehört zu den zahlreichen befestigten Steinen und Bergen, die im Mittelalter im Gebiet der Sächsisch-Böhmischen Schweiz bestanden. Sie dienten in dem ausgedehnten Fels- und Waldgebiet, in dem die böhmischen und meißnerischen Herrschaftsbereiche aneinanderstießen, in Kriegs-und Fehdezeiten vor allem dem Schutz des böhmischen Territoriums vor den Übergriffen der Markgrafen von Meißen. Außerdem sicherten sie in Friedenszeiten die durchführenden Handelswege und den Verkehr auf der Elbe. Unter ihrem Schutze erfolgte wohl auch im 12. und 13. Jahrhundert die Besiedlung der Landschaft durch deutsche Bauern.

Neben den ständig bewohnten und entsprechend ausgebauten Burgstätten, wie etwa Königstein, Lilienstein, Rathen, Wehlen und Hohnstein, gab es in deren Umkreis befestigte Plätze, die nur in Zeiten drohender Gefahr besetzt wurden und als vorgelagerte Signalstationen und Wachposten dem Schutze der Burg dienten. Solche Vorposten der dauernd bewohnten Burgen Wildenstein, Winterstein und Arnstein in der Hinteren Sächsischen Schweiz waren beispielsweise der Rauschenstein, der Falkenstein, der Frienstein (auch Vorderes Raubschloß genannt), die Lorenzsteine und der Heulenberg. Noch vorhandene Gebäudereste und Bodenfunde belegen, daß die selbst als Burgen und Schlösser bezeichneten Herrensitze keine prunkvollen Paläste, sondern bescheidene, schmucklose Behausungen darstellten, die oft schwer zu erklimmen waren und wenig Bequemlichkeit boten. Besonders bei den Burgstätten in der Hinteren Sächsischen Schweiz waren die Gebäude vielfach nur aus Holz oder Lehmfachwerk errichtet. Wo es sich anbot, hatte man natürliche Felsenhöhlen und Spalten durch Aushauungen zu bewohnbaren Räumen erweitert.

Der Winterstein muß, wie die noch sichtbaren Felsgemächer und andere Spuren einstiger Bebauung und Befestigung belegen, ebenfalls längere Zeit bewohnt gewesen sein. Als er 1379 erstmals in einer Urkunde erwähnt wurde, gehörte er zum böhmischen Burgbezirk Pirna. Da an ihm eine Handelsstraße von Postelwitz nach Zittau vorbeiführte, ist anzunehmen, daß seine Besatzung damals den vorbeifahrenden Kaufmannszügen Schutz (das Geleite) gewährte und dafür eine entsprechende Entschädigung erhielt. Für seinen Wert spricht die Tatsache, daß er um die Wende vom 14. zum 15. Jahrhundert mehrfach verpfändet und wieder eingelöst wurde. Aber bald danach wurde der Winterstein zu einer Gefahr für die vorbeiziehenden Kaufmannszüge, weil dessen Mannen sie überfielen und ausplünderten. Um die Störenfriede loszuwerden, kaufte im Jahre 1441 Görlitz als Mitglied des Oberlausitzer Sechsstädtebundes Johann von Wartenberg den Besitz ab und ließ im darauffolgenden Jahr die Anlage zerstören.

Auch in der Böhmischen Schweiz gab es einst zahlreiche Felsenburgen wie den Schauenstein,
den der Wanderer heute noch nur über steile Eisenleitern ersteigen kann.

Der Rote Fingerhut leuchtet im Hochsommer an
n Wegrändern und auf Waldlichtungen im Elbsandstein.

Die Dittersbacher Felsenwelt im „Böhmischen Tyrol“

Heute zählen die Dittersbacher Felsen längst zu den meistbesuchten Teilen der Böhmischen Schweiz. Das war in der Anfangszeit der touristischen Erschließung des Elbsandsteingebietes aber nicht so, lagen sie doch im Südosten zunächst recht weit ab von den bevorzugten Routen wie dem bekannten Malerweg.

Carl Heinrich Nicolai und Wilhelm Lebrecht Götzinger rechneten ja sogar in ihren beiden bahnbrechenden Reisehandbüchern von 1801 und 1804 die schon jenseits der Landesgrenze befindlichen Wanderziele Prebischtor und Herrnskretschen als Schandauer Umgebung noch zur gerade üblich gewordenen Landschaftsbezeichnung „Sächsische Schweiz“. Obwohl Carl Merkel sein Wanderbuch 1826 bereits „Biela oder Beschreibung der westlichen sächs.-böhm. Schweiz“ nannte, bürgerte sich der Ausdruck „Böhmische Schweiz“ als folgerichtiges Gegenstück zum Begriff „Sächsische Schweiz“ erst um 1840 immer mehr ein, wenngleich darunter anfangs meist nur der rechtselbische Teil verstanden wurde. Zu dieser Zeit sprach man übrigens mitunter auch vom „böhmischen Tyrol“, wie beispielsweise aus Nixdorf bekannt ist.

Aufgrund der andersartigen Besitzverhältnisse waren die ersten Reiseführer über die Böhmische Schweiz im Gegensatz zur sächsischen Seite noch betont herrschaftsgebunden ausgerichtet. So erschienen schon 1828 die „Wanderungen auf der Herrschaft Tetschen“, später folgte 1864 für die Kinsky'sche Domäne Böhmisch-Kamnitz der „Führer durch die böhmische Schweiz als Anschluß an die sächsische Schweiz“ von Ferdinand Náhlik, einige Jahre zuvor hatte Emanuel Hocke darüber bereits eine bescheidene Broschüre verfaßt.

Hocke und Náhlik standen als Förster in Kinskys Diensten und grenzten demzufolge auch ihre beiden Schriften örtlich auf ihren forstlichen Wirkungsbereich in der Dittersbacher Heide ein. Náhliks Wanderbuch war von seiner recht gediegenen Art her nach 60 Jahren durchaus wieder ein „Götzinger in Kleinen“ und ist wie jener immer noch bis heute lesenswert geblieben.

Die Dittersbacher Felsen hatten von 1848 bis 1860 unter den Kinsky'schen Forstleuten Ferdinand von Bund, Ignaz Grohmann und Emanuel Hocke einen zielstrebigen Ausbau für den aufkommenden Fremdenverkehr erfahren. In Huldigung von Persönlichkeiten des ansässigen Herrschaftsgeschlechtes verloren dabei bedeutende Felsspitzen ihren angestammten Namen: Aus dem Hohen Stein wurde der Rudolfstein, aus der Schwarzen Wand die Wilhelminenwand, aus dem Großen Spitzgenstein der Marienfels, aus dem Wespenberg die Fürst Ferdinands-Höhe. Heute haben Hoher Stein und Wespenberg mit Ostroh und Vosí vrch im Tschechischen wieder ihre Bezeichnungen im ursprünglichen Sinne erhalten.

Die Dittersbacher Felsen mit Wilhelminenwand, Marienfels und Rabenstein

Altes Haus am Fels in Dittersbach (Jetřichovice)

Straße in Elbleiten (Labská Stráň) mit schönen Umgebindehäusern

Das alte Schulhaus von Schemmel (Všemily) mit dem aufgesetzten Glockenturm

Zwischen Rennersdorf (Rynartice) und Schemmel windet sich der glitzernde Kamnitzbach durch den Paulinengrund.

Der abgestorbene Baumstumpf bietet
Farnen und Moosen Lebensraum.

Versteckt in böhmischer Waldeinsamkeit, gleich an der Kirnitzsch, liegt das Schwarze Tor.

Als auf der Kirnitzsch geflösst wurde

Seit dem 16. Jahrhundert bezogen Dresden und einige im waldarmen Niederland an der Elbe liegende Städte einen großen Teil des benötigten Holzes aus den Wäldern der Sächsischen Schweiz. Da viele Forstreviere des Felsengebietes jedoch so unwegsam waren, daß die Abfuhr des Holzes bis zu den Floßbindungen an der Elbe nicht möglich war, ließ der sächsische Kurfürst als Besitzer der Waldungen die wasserreichsten Bäche zu Floßbächen ausbauen. Eigentlich waren sie Triftbäche, denn das Holz schwamm auf ihnen ungebunden.

Unter den Floßbächen der Sächsischen Schweiz war die Kirnitzsch der am besten ausgebaute. Auf ihr wurde auch am längsten (bis 1966) geflößt. Die Hauptfloßzeit war das Frühjahr, wenn die Kirnitzsch nach der Schneeschmelze viel Wasser führte und das im Winter geschlagene Holz von den Fuhrleuten an den Bach gefahren oder an Stellen gebracht worden war, wo die Möglichkeit bestand, dasselbe über sogenannte „Bloße" oder „Huschen" ans Bachufer zu „huschen" bzw. auf Schranschlitten ins Tal zu bringen.

Da der normale Wasserstand der Kirnitzsch das Holz nicht trug, wurde für das Flößen das angestaute Wasser der Oberen und Niederen Schleuse zu Hilfe genommen. Außer den beiden Schleusen bedurfte es noch weiterer Einbauten zum etappenweisen Auffangen des Floßholzes. Das waren die „Schutze" oder Floßrechen. Auf der gesamten Floßstrecke von der Oberen Schleuse bis Bad Schandau gab es sieben solcher „Schutze". Lag das zu flößende Holz unterhalb der beiden Schleusen im Bachbett, dann wurde dieses nach dem Öffnen der Schleusen durch das ankommende Flutwasser gehoben und weitergetragen. Von da an hatten die auf beiden Seiten des Baches laufenden Flößer mit ihren an langen Stangen befestigten Floßhaken dafür zu sorgen, daß es zu keinen Stauungen kam. Erfolgte ein Stau, dann sprangen einige der beherzten Männer in den Bach und versuchten, die Hölzer wieder flott zu machen. Bei dieser gefahrvollen Arbeit standen sie oft bis zu den Hüften im Wasser.

Je nach Wasserstand der Kirnitzsch wurden von der Oberen Schleuse bis zur Elbe bis zu sieben Schleusenwasser benötigt. Die Flöße erfolgte daher an mehreren aufeinander folgenden Tagen. Gewöhnlich wurde von einem Floßrechen zum anderen geflößt. Da die Wasserflut und die Hölzer dem Bachufer und den Mühlen jedesmal Schaden zufügten, wurde die Floßstrecke ab 1921 auf den Abschnitt zwischen den Schleusen und der Neumann-Mühle verkürzt.

An der Kirnitzsch unweit des Schwarzen Tores

Aus dem tiefen, kühlen Kirnitzschtal steigen wir hinauf ins sonnige Hinterhermsdorf
und verweilen auf dem neugestalteten Dorfplatz mit der alten Schule und den reizvollen Umgebindehäusern.

Das im Jahr 1862 erbaute Pfarrhaus von Hinterhermsdorf überschattet ein mächtiger Ahornbaum.

In den Orten der Sächsisch-Böhmischen Schweiz zeugen zahlreiche Türschlußsteine vom Beruf des Hausbesitzers. Schlußsteine über der früheren Lachsschänke in Rathmannsdorf und an der Eingangstür zum Pferdestall in einem Bauernhaus in Waltersdorf.

Bauten der Volksarchitektur

Obwohl der Bestand seit Jahrzehnten schwindet, geben noch immer zahlreiche Umgebinde- und Fachwerkbauten den Dörfern und Städten der Sächsischen Schweiz das besondere Gepräge. Sie stammen, abgesehen von wenigen älteren Bauten, überwiegend aus dem 18. und 19. Jahrhundert und wurden mit Baustoffen errichtet, die die heimische Landschaft bot: Holz, Lehm, Stroh und Steine. Ursprünglich war das Holz das wichtigste Baumaterial. Als jedoch dieses mit dem Anwachsen der Städte und durch den steigenden Bedarf im Bergbau und bei der Verhüttung der Erze immer knapper wurde, drängten seit dem 16. Jahrhundert landesherrliche Gesetze auf die stärkere Verwendung von Steinen und Lehmfachwerk bei der Errichtung von Wohn- und Wirtschaftsgebäuden. Diese Forderungen wurden weitgehend erfüllt. Nur die ebenerdige, aus Bohlen bestehende Wohnstube des Hauses gab man wegen ihrer guten Eigenschaften nicht auf. Das die Wärme schlecht leitende Holz bewirkte, daß es bei hochsommerlichen Außentemperaturen in ihr angenehm kühl und im Winter bei entsprechender Heizung wohlig warm blieb.

Die gleichzeitige Verwendung von verschiedenen Baustoffen machte es erforderlich, vor den Bohlenwänden ein hölzernes Stützsystem, das sogenannte Umgebinde, zu errichten. Dieses stützt das auf einem starken Holzrahmen aufliegende obere Stockwerk bzw. das Dach und verhindert ein durch den Trockenprozeß der Bohlen mögliches Absenken des Hauses.

Der Teil des Hauses, der im Erdgeschoß der Umgebindestube gegenüber lag, wurde zumeist aus Sandsteinquadern oder Bruch- und Lesesteinen erbaut. Um die Fachwerkwände des Obergeschosses besser gegen Wind und Wetter zu schützen und um eine bessere Wärmedämmung zu ermöglichen, wurden sie häufig noch zusätzlich verbrettert. Als seit der 2. Hälfte des 19. Jahrhunderts mit der Eisenbahn der preiswerte Transport von Schiefer aus Thüringer Brüchen und von Dachziegeln möglich wurde, traten an die Stelle der bis dahin üblichen Holzschindel- und Strohdächer Schiefer- und Ziegeldächer. Häufig wurden auch die verbretterten Außenwände verschiefert.

An den schlichten, oft wohltuend proportionierten Wohn- und Wirtschaftsbauten fehlt es aber auch nicht an schmückendem Beiwerk, wie kunstvollen Verzierungen am Umgebinde, Fensterumrahmungen und Türblättern, schön gearbeiteten Schlußsteinen über den Türen, eisernen Fenstergittern und Türklinken sowie Ornamenten an den Außenwänden, die aus weißem und blauem Schiefer hergestellt wurden.

Am Pfaffenstein befindet sich das Wahrzeichen der Sächsischen Schweiz, die Barbarine.
Wegen Einsturzgefahr des oberen Gipfelkopfes mußte der beliebte Kletterfels 1975 für Bergsteiger gesperrt werden.

Die Königsspitze,
schwierigsten zu besteigende Gipfel am Pfaffenstein,
wirft ihren Schatten an die Felswand.

Der Pfaffenstein ist bekannt für seine vielen interessant
Felsformen wie „Opferkessel" und „Rittersitz".
Hat der kleine Fels nicht Ähnlichkeit mit einer Echse?

Abendstimmung am Lilienstein. Steil bricht der Tafelberg an seiner Westflanke ab.

Die Ebenheit unter dem Lilienstein

Auf der Ebenheit unter dem Lilienstein betreten wir geschichtsträchtigen Boden. Sie wurde am Beginn des Siebenjährigen Krieges zum Schauplatz eines entscheidenden Ereignisses in der sächsischen Geschichte. Nachdem das preußische Heer unter Friedrich II. Ende August 1756 mit 60.000 Mann nach Sachsen eingefallen war, sammelte sich das nur 17.000 Soldaten zählende sächsische Heer auf der linken Elbseite in einem Lager zwischen Pirna und Königstein.

Hier hofften die Sachsen, nach dem Zuzug von verbündeten österreichischen Truppen, sich den Eindringlingen erfolgreich widersetzen zu können. Als aber ein Teil der Preußen nach Böhmen vordrang und am 1. Oktober 1756 bei Lobositz die Österreicher nach hartnäckigem Widerstand schlug, wechselte das sächsische Heer über eine Schiffsbrücke, die bei Königstein über die Elbe gebaut worden war, auf die andere Seite des Flusses und richtete unter dem Lilienstein ihr Lager ein. Da stürmisches, naßkaltes Wetter herrschte, verzögerte sich der Stellungswechsel um zwei Tage. Tagelanger Regen und der Mangel an Lebensmitteln nahmen der von den Preußen umzingelten Armee den Mut. Da es auch nicht gelang, zu den bei Lichtenhain stehenden und zu Hilfe geeilten verbündeten Österreichern Verbindung aufzunehmen, mußten die ermatteten und verzweifelten Sachsen am 15. Oktober 1756 ohne Widerstand die Waffen strecken. Den gefangenen Offizieren wurde vor der Entlassung von den Preußen das Versprechen abgenommen, nie wieder gegen sie zu kämpfen. Die Unteroffiziere und Gemeinen zwang man, den Eid der Treue auf Friedrich II. zu schwören.

Als sich im Sommer 1813 Kaiser Napoleon nach der Niederlage in Rußland in Sachsen erneut zum Kampf mit den gegen ihn Verbündeten vorbereitete, ließ er von Stolpen über Heeselicht und Waltersdorf eine Heerstraße zum Lilienstein anlegen. Auf ihr sollten seine Truppen von der Oberlausitz her zu gegebener Zeit rasch anrücken, bei Königstein die Elbe überschreiten, und über den Nollendorfer Paß ins Teplitzer Becken vorstoßen. Zum Schutz des Elbüberganges ließ der Kaiser um den Lilienstein ein befestigtes Lager und an der Elbe eine Schiffsbrücke bauen. In die fünf Baracken des Lagers zog französisches Militär ein, das bis zum 6. Oktober 1813 blieb. Ihnen folgten russische Kosaken und österreichische Reichswehr, die die Anlagen teilweise wieder demolierten. Reste der damals errichteten Wälle und der zur Trinkwasserversorgung genutzte sogenannte Franzosenborn sind noch heute erhalten.

Unter der einheimischen Bevölkerung wurde noch lange erzählt, daß die Sachsen im Jahre 1756 vor der Gefangennahme ihre Kriegskassette in der Erde vergraben hätten. Aber alle Hoffnung der Bauern, sie beim Pflügen zu finden, sind seitdem vergeblich gewesen.

Die Ebenheit unter dem Lilienstein und die Festung Königstein

Auch am Lilienstein gibt es interessante Felsgebilde,
den „Schildkrötenstein“ an der Südspitze und den
wassergefüllten „Opferkessel“ hoch in der steilen Westfl

Der einsame Grenzweg im Großen Zschand mit dem phantastischen Blick zum Großen Prebischkegel und weit nach Böhmen hinein gehört zu den landschaftlich schönsten Wanderpfaden des Elbsandsteingebirges.

Der Sommer geht seinem Ende entgegen. Die letzten warmen Tage locken viele Wanderer zu einer Tour über die Grenze zum Prebischtor, dem Wahrzeichen der Böhmischen Schweiz.

Spätsommerabend

Steil ragt die Kleine Gans über dem Rathener Kessel empor. Der Sommer

-Ierbst mit seiner Farbenpracht hält Einzug.

Daß der Sandstein ein weiches und brüchiges Gestein ist, zeigte sich eindrucksvoll am Wartturm nahe der Bastei, den man wie in dieser Ansicht nicht mehr bewundern kann. Am 22. November 2000 stürzte ein großer Teil des Felsens ins Elbtal.

Bunt färben sich die Buchen im Basteigebiet über dem Kurort Rathen.

Einer vom Steinbruch

Steinbrüche zählen im Elbsandstein zu den ältesten Zeugen wirtschaftlicher Tätigkeit der hier lebenden Menschen. Bereits die seit dem 6. Jahrhundert ansässigen Slawen betrieben das Handwerk der Steinbrecherei, wie einige heute noch geläufige Ortsbezeichnungen slawischen Ursprungs bezeugen. So lassen sich das rechtselbische Lohmen und der linkselbische Lohmgrund vom altslawischen Wort „lomu“ ableiten, was zu deutsch Steinbruch heißt. Auch die in der Lohmener Wesenitzklamm gelegene Örtlichkeit Brausnitz geht auf das slawische „brusnica“ = Steinplatz zurück. Bei der Mündung des Brausnitzbaches in die Wesenitz sind neben mehreren Mühlstein-Rohlingen die beiden im Elbsandstein üblichen Abbauweisen – Stockwerkbruch und Wandfällung – zu sehen, obwohl der Bruchbetrieb dort längst eingestellt wurde.

Im Elbtal fallen die langen Wandfluchten der Steinbrüche besonders auf, auch als Zeugen einstiger Landschaftszerstörung. Schon 1877 forderte der Schandauer Oberforstmeister Franz Robert Blohmer, den Steinabbau in unmittelbarer Nähe der Bastei und anderer Naturschönheiten einzuschränken. Heute sind die Elbbrüche mit Ausnahme des Zeichener Elbbogens stillgelegt. Sandstein wird landeinwärts in den Nebentälern der Elbe gebrochen. Solche Landbrüche befinden sich gegenwärtig in der Mühlleite und in der Herrenleite/Alte Poste bei Lohmen, in Reinhardtsdorf sowie in den Weichen Brüchen zwischen Neundorf und dem Lohmgrund.

Inzwischen erleichtert auch effektive Technik die körperlich schwere Arbeit im Steinbruch. Dadurch sanken die Beschäftigungszahlen erheblich im Vergleich zu früher, als beispielsweise sogar die Oberländer von ihren Wohnorten Heeselicht, Zeschnig, Hohburkersdorf und Stürza aus über Rathewalde täglich zur Arbeit in die Elbbrüche zwischen Rathen und Stadt Wehlen gelaufen kamen. Damals erkrankten viele Steinbrecher schon in jungen Jahren an der meist unheilbaren Staublunge oder sie wechselten beizeiten vorsorglich die Arbeit und gingen als Holzmächer in den Wald.

Einer von ihnen war Bruno Barthel (1885–1956). Als Sohn eines Lohmener Steinbrechers begann er erst in der Mitte seines Lebens mit der Arbeit im Steinbruch, obwohl er sich schon als Kind darin durch regelmäßige Besuche auf Vaters Arbeitsstelle gut auskannte. Trotz einfachster Familienverhältnisse war dem Dorfjungen eine schriftstellerische Begabung mit in die Wiege gelegt worden. Das wußte Bruno Barthel vor allem als Steinbrecher zu nutzen: Er brachte seine Uttewalder Mundart in eine anerkannte Schriftform, schrieb launige Mundart-Erzählungen, forschte heimatkundlich, verfaßte sein Heimatbuch „Im di Bastei rim“ und hinterließ ein volkskundliches Manuskript „Von den Steinbrechern im Elbsandsteingebirge“, das 1959 drei Jahre nach Barthels Tode gedruckt wurde und ihn für immer zum Anwalt und Chronisten der heimischen Steinbrecher werden ließ. Gibt es ein schöneres Heimatbekenntnis als durch Tätigsein?

Herbststimmung in den Weißen Brüchen zwischen Wehlen und Rathen

Großgriffige Genußkletterei führt
auf den Türkenkopf im Rathener Gebiet

Kletterer in luftiger Höhe
an der Westecke des Liliensteins

Die Burg Altrathen an der Elbe

Burg und Stadt Hohnstein bilden eine architektonische Einheit.

Herbstnebel wallen im Polenztal.

Wenn die goldgelben Blätter der Buchen herabfallen,
hat der Mittelplatz in den Ochelwänden bei Waitzdorf einen besonderen Reiz.

Herbstlicher Wald

Pilze gedeihen in vielfältigen Formen und Farben.

Herbstmorgen an der Festung Königstein

Eines der bekanntesten Wirtshäuser der Sächsischen Schweiz, der Gasthof Lichtenhainer Wasserfall im Kirnitzschtal

Vom Grat des langgestreckten Teichsteines, der seinen Namen nach einem ehemals am Zeughaus befindlichen Teich erhielt, fällt der Blick hinüber zum Kanstein.

An einem Herbsttag auf dem Teichstein – Blick in den Zschand

Ein Zeughaus im Walde

Mitten in der „Heede", wie das geschlossene Waldgebiet zwischen der Kirnitzsch und der Landesgrenze noch immer von den meisten Einheimischen genannt wird, liegt auf einer Talweitung des Großen Zschandes am Fuße von Teichstein und Bösem Horn die kleine Häusergruppe Zeughaus. Dieser zu Ottendorf gehörende Ortsteil ist die einzige Siedlungsstätte in dem ausgedehnten Grenzwald der Hinteren Sächsischen Schweiz geblieben.

Zeughäuser kennen wir sonst nur von Städten, Festungen und Burgen. Sie dienten dort früher als Arsenal, als Lager für Waffen und Kriegsgerät. Hier im abgelegenen Walde wurde dagegen beim Zeughaus das Jagdzeug aufbewahrt. Das waren die während einer Hofjagd zum Einkesseln, Fangen und Erlegen von Wild verwendeten Netze, Lappen und Tücher sowie die dazugehörigen Gerätschaften. Selbst ein vergitterter Zwingerwagen stand bereit, falls in der nahen Bärfanggrube am Saupsdorfer Weg ein Braunbär lebend gefangen wurde, der mit dem Wagen zum Hohnsteiner Bärengarten oder gar nach Dresden in den Bärenzwinger gebracht werden mußte.

Anfangs genügte als Zeughaus eine unbewohnte Holzhütte. Auch im sogenannten Winterhaus auf dem benachbarten Kleinen Winterberg wurde damals Jagdzeug untergebracht, das bei Jagden in den höheren Lagen über den Felswänden Anwendung fand.

Um 1720 wurde im Großen Zschand ein steinernes Zeughaus mit Wohnung errichtet. Das war jene Zeit, als sich in Mitteleuropa das forstliche Berufsbild grundlegend wandelte, indem aus dem hirschgerechten Jäger von einst immer mehr ein holzzuchterfahrener Waldbauer wurde, ohne daß dabei aber die Rotwildhege in den kursächsischen Amtswaldungen zu kurz kam, woran allein im Zeughausgebiet die besonders häufigen Trogstein-Salzlecken aus damaliger Zeit erinnern.

Mit dem Seßhaftwerden eines Försters entstand die Siedlung Zeughaus, zumal bald weitere Forsthäuser hinzukamen und das alte Zeughaus durch den aufkommenden Fremdenverkehr auch gleichzeitig als Gaststätte genutzt wurde. Angesichts der Grenznähe wurde in den dreißiger Jahren des 20. Jahrhunderts sogar der Bau eines Zollhauses erforderlich.

Trotz Waldreichtum ist die Sächsische Schweiz arm an architektonisch wertvollen Forsthäusern. Eine erfreuliche Ausnahme bildet jedoch die 1901 vollendete Försterei am Zeughaus, die ganz im lausitzischen Stil mit Umgebinde-Blockstuben im Unterbau und Fachwerk-Ausbau der Obergiebel errichtet wurde. Auch die 1889 in traditioneller Sandstein-Bauweise ausgeführte Försterei von Oberlohmen beweist, daß seinerzeit die Landesforstbehörde beim Bau von Forsthäusern um betont landschaftsgebundene Lösungen bemüht war – ein frühes Bekenntnis zum gerade entstehenden Heimatschutzgedanken.

Das Forsthaus unterm Teichstein

Die selten begangene Starke Stiege im Schmil
Gebiet zählt für den Wanderer zu den anspruchs
und landschaftlich schönsten Aufstiegen.

Eine knorrige Wetterkiefer steht am aussichtsreichen Riff hoch über dem Teufelsturm und der Elbe.

An der linken Schartenkante des Teufelsturms führ
„Alte Weg“ zum Gipfel, durch die abweisende Tals
ziehen sich schwere Kletterrouten.

Herbst am Jägersteig in den Schrammsteinen. Nicht lange währt die Zeit der bunten Blätter, …

... dann fegen sie die Novemberstürme davon. Die ersten Schneeflocken bleiben jedoch nicht lange liegen.

Der Pavillon – vormals auch Winterhaus genannt – auf dem Kleinen Winterberg

Novemberstimmung am Lilien

an der Napoleonstraße

Nebelschwaden umlagern den Bloßstock in den Affensteinen.

Spätherbst im Großen Zschand –
Zeit für einsame Wanderungen

In den Bergen der Lausitz hält der Winter früher Einzug als in der Sächsischen Schweiz. Alter und Neuer Wildenstein und der buchenbestandene Hausberg warten noch auf den ersten Schnee.
Der steile Aufstieg über die Häntzschelstiege wird mit diesem Ausblick vom Langen Horn belohnt.

Von einem der schönsten Aussichtsfelsen der Hinteren Sächsischen Schweiz, dem Carolafelsen, schweift der Blick über den Großen Dom bis zum Falkenstein und zum Lilienstein.

Von der früheren Wolfstafel gibt es nur noch diese Nachbildung.
Sie erinnert an die Erlegung zweier Wölfe
im Jahre 1640 im böhmischen Grenzwald oberhalb der
Niedermühle bei Hinterhermsdorf.

Unweit der Landesgrenze steht im Großen Ziegengrun
der Luchsstein.
Hier schoß im Jahre 1743 der Hinterhermsdorfer Förste
Johann Gottfried Puttrich den letzten Luchs auf sächsischer

Wolfstafel, Luchsstein und Keilersäule

Die Sächsisch-Böhmische Schweiz ist reich an jagdgeschichtlichen Zeugen. Die ausgedehnten, größtenteils unbesiedelten Waldungen beiderseits der Landesgrenze gaben zu jeder Zeit sichere Wildeinstände und bevorzugte Jagdgebiete ab. Die Jagd auf sächsischer Seite hatte einen betont kurfürstlichen, später königlichen und staatlichen Charakter, während sie auf böhmischer Seite wie in der Oberlausitz mehr herrschaftlich ausgeübt wurde. Die Dresdener Residenz war nah, die Prager dagegen fern gelegen. Der Dresdener Hofadel übte in ganz Sachsen starken Einfluß auf das Jagdwesen aus. Die Bauernjagd blieb in der Sächsisch-Böhmischen Schweiz stets unbedeutend, in Grenznähe kam es mitunter zur Freijägerei.

Dank der leichten Bearbeitbarkeit des Elbsandsteines entstand im Laufe der Jahrhunderte eine größere Anzahl jagdgeschichtlicher Kleindenkmäler, wie unsere Gegend deshalb ja auch überhaupt eine beachtliche Menge an historischen Felsinschriften und Felszeichnungen aufweist. So befand sich auf dem ehemaligen Tiergartengelände bei Waltersdorf am Buchsstein eine inzwischen durch Verwitterung nicht mehr lesbare Inschrift über die dort am 20. Juli 1696 unter Kurfürst Johann Georg III. abgehaltene Hofjagd, wovon schon der Hohnsteiner Chronist Johann Michael Weiße 1729 berichtet. Kurfürst August der Starke soll im Basteigebiet veranlaßt haben, daß anläßlich der 1710 auf dem Lohmener Revier abermals abgeschlossenen Grenzfeststellung eine Jagd durchgeführt und dabei zum Jagdfrühstück der heute noch vorhandene Steinerne Tisch errichtet wurde. In der benachbarten Vehmhöhle ist neben anderen Felszeichnungen aus dem Jahre 1813 auch eine Jagdszene dargestellt. An die Erlegung seinerzeit selten gewordener Wildarten erinnern zwei Denksteine: der Luchsstein von 1743 im Großen Ziegengrund und die Keilersäule von 1875 im Diebsgrund. Der Felsblock mit der Wolfstafel von 1640 im Kirnitzschtal und die frühe Felszeichnung von einem Jäger und einem Wolf im Großen Zschand wurden leider bei Sprengarbeiten im Zuge des Forstwegebaues zerstört. Die in den felsigen Untergrund gehauene Bärfanggrube am Saupsdorfer Weg ist dagegen recht gut erhalten geblieben.

Im 18. Jahrhundert bis zum Anfang des 19. Jahrhunderts waren für die Rotwildhege Trogsteine bedeutsam, von denen etliche in Block- oder Plattenform noch in den Wäldern anzutreffen sind. Sie dienten als Salzlecken, indem ein Salz/Lehm-Gemisch im Trog ausgelegt wurde. Ein Obelisk am Waldrand von Oberlohmen macht auf die wegen zu hoher Wildstände Pfingsten 1790 ausgebrochenen Bauernunruhen aufmerksam.

Eindrucksvolle größere Baudenkmäler waren die früheren Jagdschlösser von Graupa, Lohmen und Hohnstein, auf böhmischer Seite Sternberg, Balzhütte, Binsdorf und Christianenburg. Zu den verborgensten und damit auch überraschendsten Bauten gehören aber die Hohen Brücken am Jagdweg im Borsbergwald. Sie wurden 1789 vollendet und erinnern mit ihren Rundbögen an römische Aquädukte.

In der Sächsischen Schweiz liegt auf dem Großen Winterberg oft die erste geschlossene Schneedecke.

Das Schmilkaer Gebiet zeigt sich tief verschneit.
Heiligen Stiege findet der Wanderer schwierige Bedingungen vor,
die Flohspitze wird für Kletterer unbesteigbar.

Im Winter kann es vorkommen, daß Nebelschwaden wochenlang über den höchsten Erhebungen
von Erzgebirge und Elbsandsteingebiet liegen.
Immer dichter und schwerer werden dann die Rauhreifkristalle, unter deren Last sich selbst stärkere Bäume biegen.

ːi solch einer gespenstigen, düsteren Wetterlage sind die Felsen der Tyssaer Wände von einem Panzer aus Eiskristallen überzogen.
Zahlreiche Höhlen und Löcher bezaubern auch bei dieser Witterung.
Der Durchgang im Afrikaturm erinnert an die Form des Kontinents auf der Landkarte.

Wenn dann nach den dunklen Nebeltagen endlich wieder die Wintersonne über den Tyssaer Wänden herauskommt, empfängt den Wanderer eine glitzernde Landschaft.

Im Sattel zwischen den Kleinen und Großen Tyssaer Wänden

Weit reicht der Blick von den Kleinen Tyssaer Wänden über den Ort Tyssa (Tisá) bis ins Böhmische Mittelgebirge.

Von den Kleinen Tyssaer Wänden wird am Horizont der Hohe Schneeberg sichtbar.
Er ist mit 723 m die höchste Erhebung der Sächsisch-Böhmischen Schweiz.

Wintersonnenwende an der Kleinen Liebe

Es ist Dezember. Erste kurze Schneeperioden wechseln mit grauen wolkenverhangenen Tagen. Doch bevor das Wanderjahr zu Ende geht, gibt es kurz vor Weihnachten noch einen letzten Höhepunkt: die Wintersonnenwende.
In den Dezembertagen sind meist nur wenige Besucher in der Felsenwelt unterwegs, aber am letzten Sonnabend vor Weihnachten trifft man zwischen Ostrau und den Schrammsteinen unerwartet viele Wanderer, auch viele Kinder sind darunter, die Laternen oder Lampions tragen. Mit Einbruch der Dämmerung strömen die Wanderer und Bergsteiger aus allen Richtungen zur kleinen Waldwiese unterhalb der Kleinen Liebe, wo man sich zur Wintersonnenwende des Sächsischen Bergsteigerbundes versammelt.

Ein großer Holzhaufen wurde von fleißigen Bergfreunden in der Mitte der Lichtung aufgeschichtet. Immer mehr Wanderer finden sich ein, man trifft Freunde und Bekannte, die Luft ist von Gesprächen erfüllt. Die aufkommende Kälte wird mit Glühwein vertrieben. Eine erwartungsvolle Unruhe liegt über der Lichtung.

Bald formieren sich die etwa dreißig Sänger der „Bergfinken“, einer der beiden Chöre des Sächsischen Bergsteigerbundes. Wenn das erste Lied erklingt, verstummen die Gespräche ringsherum. Die Kinder müssen sich noch etwas gedulden, erst wenn es bei den Bergfinken „Flamme empor“ heißt, wird der Holzstoß angezündet. Schnell erfassen die Flammen das Holz, Funken sprühen in den Nachthimmel und die Wiese inmitten des Waldes ist erhellt.

Wenn das Feuer langsam niederbrennt, leeren sich die Reihen. Auf dem Waldweg nach Ostrau leuchten dann viele Laternen, Lampions, Fackeln und Taschenlampen, die den heimkehrenden Wanderern den Weg durch den dunklen Winterwald weisen.

Wintersonnenwende an der Kleinen Liebe

Nur wenige der Häuser des kleinen Ortes Wolfsberg
(Vlčí Hora) werden heute noch dauerhaft bewohnt, d
meisten Fensterläden öffnen sich nur im Sommerhalbj

Schon seit 1888 krönt ein 12 m hoher Turm den Wolfsberg
Bau des Turmes wurde jeder Wanderer gebeten, einen der
benötigten Ziegel vom Fuß des Berges mit hinauf zu ne

Das Jahr geht zu Ende,
die letzten kalten Sonnenstrahlen fallen durch den lichten Buchenwald des Wolfsberges.